Auf Kufen durch Schwedens Norden

Den treuen Gefährten unserer gemeinsamen Schlittentouren gewidmet

Kune Mush

Auf Kufen durch Schwedens Norden

Bibliografische Information der deutschen Nationalbibliothek:
Die deutsche Nationalbibliothek verzeichnet diese Publikation
in der deutschen Nationalbibliografie; detaillierte
bibliografische Daten sind im Internet über http://dnb.dnb.de
abrufbar.

C 2017 Kune Mush
Illustration: Kune Mush
Herstellung und Verlag: BoD – Books on Demand, Norderstedt

ISBN: 9783744882224

bereits erschienen:
2015 Anuk – Das Leben eines Siberian Husky
ISBN: 9783734748554

Inhaltsverzeichnis

Übernachtung bei der Anreise nach Abisko

Tag 1

Auf dem großen, leicht abfallenden Parkplatz befinden sich nur wenige Autos. Er liegt direkt hinter dem Bahnhof von Abisko. Ein endlos langer Güterzug rollt vorbei, bringt in Spezialwaggons seine Erzfracht vom schwedischen Kiruna in den eisfreien norwegischen Hafen von Narvik.

Zum Süden und auch Osten wird der Platz von einem dichten Waldsaum begrenzt. Wo finde ich den besten Durchlass? Unschlüssig sitze ich in meinem über 30 Jahre alten Volvo Caravan, mit mir meine sechs stämmigen Siberian Huskies, Hundefutter und Proviant für knapp drei Wochen, sowie die gesamte Winterausrüstung.
Auf dem Dach der schwere Holzschlitten mit den notwendigen Zugleinen, Ankern et cetera.

Eine schlanke, elegante Skiläuferin, ihre zwei folgsamen Alaskans mit Leinen am Gürtel befestigt, kommt soeben von ihrem Lauf zurück. Ich fahre zu ihr hin, steige aus und frage sie in meinem holperigen schwedisch nach einem möglichen Trail. Nach kurzem Zögern scheint sie zu erkennen, dass es mir wirklich um die Sache geht und gibt mir eine hilfreiche Auskunft. Am oberen Ende des Platzes führt ein Weg, für Scoter verboten, durch den Wald und mündet auch irgendwo am Kungsleden.

Nach einem Dankeschön fahre ich zu der bezeichneten Stelle, um mein umfangreiches Gepäck auf den Schlitten umzuladen. Damit ich niemanden behindere, parke ich nahe am Rand des Wegausganges, komme dort aber mit den rechten Rädern in einen weichen Schneebelag und versenke mein Auto in Schräglage.

Jetzt erst mal entladen, dann sehen wir weiter. Ich bringe ein Stake-Out, das ist eine lange Kette mit Ablegern, an denen die Hunde befestigt werden, im angrenzenden Wald an. Die Huskies freuen sich schon auf die kleine Freiheit in der Natur. Dann wird der Schlitten von einem Teil des Inhaltes befreit und vorsichtig über eine Leiste am Heck des Wagens von dem Dachständer gezogen, seitlich des Weges aufgestellt und gleich mit einem Panikhaken fest an einen Baum gebunden. Die beiden Schneeanker werden später installiert.

Zwischenzeitlich kommt die hilfreiche Dame, umgezogen und ohne Hunde zurück. Sie bietet mir ihre Hilfe an. Ich erzähle von meinem Missgeschick mit dem Auto. Vielleicht könne sie es mit ihrem Wagen rausziehen? Zuerst muss es aber völlig entladen werden und das dürfte mit Umladen noch eine gute Stunde dauern. Sie verspricht mir, dann wieder zur Stelle zu sein.

Bald darauf kommen vier Transporter mit etwa einem Dutzend Menschen, 28 Schlittenhunden und sieben Schlitten angefahren. Es ist Matse mit seinem Guide Markus, sechs Mushern und den Fahrern der Autos. Sie haben die Genehmigung, auch den oberen Teil des Kungs-ledens mit Touristen zu befahren.

Mein versenktes Auto am Wegrand gefällt ihnen über-

haupt nicht. Viele Hände packen an, um es wegzu-
schieben. Erfolglos. Matse holt einen seiner Transporter
mit Vierrad-Antrieb und bald steht mein altes Vehikel
wieder auf einer festen Unterlage. Ich ziehe meine Hunde
weiter in den Wald zurück und Markus sowie seine
Begleiter mit je einem Gespann starten an uns vorbei.

Helen ist auch wieder eingetroffen. Wir haben uns
vorgestellt und nennen uns jetzt beim Namen. Außerdem
schlägt Helen vor, dass wir uns in deutsch unterhalten,
für sie besser verständlich als mein lückenhaftes
schwedisch.

Die Autohilfe entfällt, doch unterstützt mich die
sympathische Sportlerin beim Beladen des Schlittens,
später beim Einspannen der Hunde und gibt mir noch
gute Ratschläge für die zu erwartende Strecke.

Anker einholen, Panikhaken lösen, Bremsen freigeben.
Die Hunde ziehen den schweren Schlitten an und rennen
rasch in einem Höllentempo davon. Lange genug haben
sie auf diesen Moment gewartet. Wir rauschen noch an
zwei oder drei Skiläufern vorbei, dann sind wir allein.

Westwärts sehe ich Scoterkreuze. Da mir nur der in dieser Art markierte Kungsleden bewusst ist, lenke ich die Hunde in diese Richtung. Meine Leader wollen nicht, wollen geradeaus weiter. Hätte ich sie doch nur gelassen! Sie folgten dem Hundegeruch der vorausfahrenden Gruppe, deren Guide ja den richtigen Weg kannte. So müssen sie sich aber meinem Willen beugen und den alten Holzkreuzen folgen.

Die Spuren werden spärlicher, Begegnungen bleiben aus. Mir dämmert, dass wir nicht auf dem richtigen Weg sind. Ein weiterer Umstand macht mir augenblicklich mehr

Sorge. Der Schlitten zieht, vor allem bei Abfahrten stark nach links. Es braucht meine ganze Aufmerksamkeit und auch Kraft, um das schwere Gefährt in der Spur zu halten. Bei genauer Kontrolle sehe ich, dass die Aufhängung der Hauptleine ungleich angebracht ist. Kurz vor Abfahrt von zu Hause wurde noch eine Verstärkung der Zugseil-befestigung am Schlitten vorgenommen und ich habe keine Probefahrt durchgeführt. So rächen sich Ver-säumnisse.

Die Berge links und vor allem rechts des Trails werden mächtiger, unser Weg zieht sich jedoch meist eben dahin. Wie ich später feststelle, befinden wir uns im Tal des Gorsajävri. Im Westen, auf einer kleinen Anhöhe, sind Hütten zu sehen. Sie gehören zu den Karsavaggestugorna.

Wir überholen zwei schwerbepackte Schneeschuhläufer und sind dann auch gleich an der separat gelegenen Stugwardhütte.
Hans, der Stugward, ist überrascht über den Besuch und zeigt uns auch gleich die Unterkunft, eine schnuckelige, kleine Stuga mit zwei Räumen und insgesamt acht Betten.

Die beiden jungen Burschen auf den Schneeschuhen sind inzwischen auch eingetroffen. Wir beziehen gemeinsam einen Raum, machen Feuer, richten uns gemütlich ein. Zuvor bringe ich das Stake-Out direkt bei der Hütte an und sichere meine Hunde. Etwas später erhalten sie auch ihr wohlverdientes Futter.

Dann beginnt das Kochen. Zu dem gemeinsamen Menü mit Manuel aus Innichen und Clemens aus dem benachbarten Nordtirol, zwei jungen Medizinstudenten, kann ich doch einige Schmankerl aus meinem reichhaltigen Proviantvorrat beisteuern.

Der Schlittensack hat in jedem Fall das bessere Aufnahmevolumen gegenüber einem auf dem Rücken zu schleppenden Rucksack.

Unsere Hütte und die Stugwardbehausung liegen in völliger Einsamkeit, außer unseren Kerzen gibt es keine Lichtquellen.

Doch plötzlich spielt sich am Himmel ein Spektakel ab. Streifen, Bahnen, Flächen in verschiedenen, meist wunderschönen Färbungen geben in laufenden Momenten ein wallendes, immer neues Spektrum auf der überschaubaren Himmelsfläche. Es ist hinreißend, losgelöst aus aller Erdenschwere.

Auf diese komme ich aber sehr schnell zurück, denn meine Hunde haben das eine Ende der Stake-Out-Kette aus ihrer Verankerung gerissen und nutzen stürmisch den gewonnenen Freiraum.

Noch besser befestigen, was ja in einem baumlosen Gelände nicht ganz einfach ist.

Das eindrucksvolle Nordlicht hat Manuel mit seiner sehr guten Kamera eingefangen und mir die Bilder zugesagt.

Diese sind leider nie eingetroffen, ich hätte sie gern hier gezeigt.

von links:
Franzl – Flori – Gillian – Carline – Spock – Eagle

Tag 2

Nach einem erholsamen Schlaf plagt mich schon sehr früh die Sorge um meinen Schlitten. In dem jetzigen Zustand ist er mit seiner Beladung kaum steuerbar, in schwierigem Berggelände sogar eine Gefahr für Hunde und Musher. Ich muss die Aufhängung wieder in die frühere Vorrichtung zurückbringen. Das von mir mitgeführte Werkzeug und meine körpereigenen Kräfte reichen hierzu nicht aus.

Den Anwesenden erzähle ich meinen Kummer. Der Stugward findet die notwendige starke Zange und die beiden kräftigen Studenten verrichten das übrige. Wie sich bald zeigen wird, läuft der Schlitten jetzt wieder einwandfrei.

Bei herrlichem Wetter brechen wir gegen Mittag auf. Es geht auf unserer Spur zurück und nicht weit von dem gestrigen Startpunkt biegen wir nach Süden ab. Es wird zunehmend windiger.

Zunächst ohne Wegmarkierung durchfahren wir den Abisko-Nationalpark, stoßen aber irgendwann auf Scoterkreuze und Trail. Die Hunde legen ein schnelles Tempo vor. Bald gleiten wir auf dem Abiskojaure und kommen am Ende des Sees an den gleichnamigen Stugorna vorbei. Hier wäre es Zeit gewesen, uns ein Quartier zu nehmen. Die Hunde sind aber so gut drauf und ich bin der irrigen Meinung, dass eine sehr einfache Wegstrecke zur nächsten Stuga führt. Also ziehen wir auf gutem Trail daran vorbei.

Nur wenig später tangieren wir links von uns ein wohlgeordnetes, fast militärisch ausgerichtetes Lager im Endausbau. Den Mittelpunkt bildet ein geräumiges Tipi. An langen Stake-Out-Ketten befinden sich etwa 35 Schlittenhunde. Sechs oder sieben Schlitten sind exakt geparkt und ein halbes Dutzend Menschen sind eifrig mit verschiedenen Aufgaben beschäftigt. Ein Winken im Vorbeifahren. Mir kommt der Gedanke, dass es sich hier um eine gut organisierte Tour eines Schlitten-hundevereins handelt und freue mich über diese Aktivität. Die Aufklärung erhalte ich aber gut zehn Tage später.

Nur etwa 2 – 3 km weiter baut ein Musher von acht Alaskans sein Zelt auf. In wenigen Tagen und viele Kilometer weiter südlich werden wir uns erneut sehen.

Unser Trail führt seit einer Weile leicht bergan und unvermutet stehen wir plötzlich vor einem steilen Anstieg. Jetzt werden die Hunde und auch ich voll gefordert. In Kehren winden wir uns hoch, brauchen immer wieder Pausen, um Luft zu schöpfen und Kräfte zu sammeln.

Endlich sind wir am Scheitelpunkt des Trails, in dessen Nähe ein Meditationsplatz zu einer kurzen Besinnungspause einlädt.

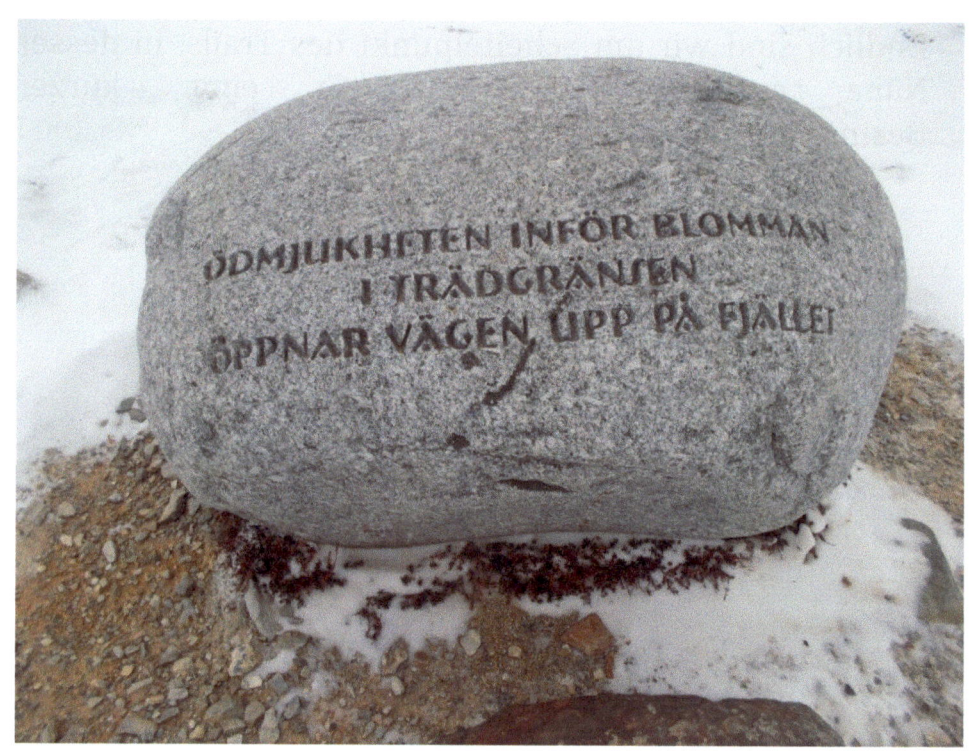

*Die Ehrfurcht vor der Blume an der Baumgrenze öffnet
den Weg auf die Berge*

Bei der Weiterfahrt wechseln kleine Anstiege mit kurzen Abfahrten. Meist müssen wir quer zum Berghang fahren und ich bin heilfroh, dass die Steuerung meines Schlittens gut ausbalanciert ist.

In der Dämmerung erreichen wir den Alesjärvi. Das Eis ist schneebedeckt, eine Spur von mehreren Schlitten erleichtert uns jedoch das zügige Weiterkommen. Wie ich später erkennen kann, hat Markus mit seiner Gruppe kurz vor uns die Strecke befahren. Durch unseren Umweg zur Karsavaggistuga hatten sie ja einen Tag Vorsprung, den wir jetzt nahezu wieder egalisiert haben.

Es ist inzwischen dunkel geworden, doch wir können gut die Richtung halten. In der Ferne glaube ich, einen schwachen Lichtschein zu erkennen. Es ist noch weit zu diesem Ziel, doch der gleichmäßige Trab der Hunde bringt uns stetig näher.

Links am See liegt ein Samendorf und direkt vor uns verteilen sich die Hütten der Alesjärvistugorna auf einer verzweigten Hügelgruppe.

Ich ankere mein Gespann und klettere den steilen Abhang in Richtung der größten Hütte mit Licht hoch. Der Stugward empfängt mich freundlich und wir erledigen Eintragung und Bezahlung. Anschließend besorgt er einen Kanister Wasser und führt mich zu einer der Doppelhütten. Alles ist dunkel, ich werde der einzigste Bewohner sein.

Jetzt muss ich erst mal meine Hunde und den Schlitten holen. Zu diesen komme ich rasch und gut zurück. Inzwischen ist mir auch bekannt, wo ich den Weg finde, der nach oben führt. Wir kommen in die Nähe meiner Hütte, doch Felsen versperren den direkten Zugang. Es dauert, bis wir im Dunkeln endlich einen möglichen Standplatz für den Schlitten und das Stake-Out gefunden haben.

Feuer machen, Wasser wärmen, Hunde füttern und dann an die eigene Mahlzeit denken. Es ist spät geworden, doch wir stören ja niemanden. Die anschließende Ruhe haben Hunde und Musher nach etwa 45 – 50 Schiebe- und Ziehkilometern sicher verdient.

Tag 3

Was ich bei einem ersten Blick aus dem Fenster sehe, erschreckt mich. Wir befinden uns in einem Gewirr von großen Steinen, Felsblöcken, Hütten, Schuppen, Geräten und anderem auf einem zerklüfteten Hügel.

Wie soll ich da mit frisch ausgeruhten Hunden den Schlitten, seine Ladung und uns selbst zu Tal bringen?

Nach der Morgensuppe für die Vierbeiner und meinem Frühstück mache ich mich auf die Suche nach einem möglichen Durchgang. Ist zu schaffen, wenn die Leader präzise die Kommandos befolgen.

Packen, aufräumen, sauber machen, Schlitten beladen, umlegen und sicher verankern. Den Hunden die Geschirre anziehen und einspannen. Stake-Out lösen und verstauen. Schlitten aufrichten, Anker lösen und starten. Ja, das wäre es eigentlich, doch Eagle, einer meiner beiden neuen Hunde, hat etwas dagegen.

die Leithunde Franzl (links) und Flori

Nach seiner Meinung wurde er auf der falschen Seite eingespannt. Daran kann ja nur der Nebenhund schuld sein und gleich ist eine wüste Rauferei zwischen den beiden zu Gange. Ausgerechnet in schwieriger Startphase bei schlechtem Gelände.

Zum Glück mischen sich die anderen Hunde nicht ein. Die erfahrenen Leader bleiben gelassen und bringen uns nach erfolgter Trennung der beiden Kämpfer den Berg heil und ohne weitere Zwischenfälle bis zum See hinunter.

Wir fahren unter der Hängebrücke, welche den Flusszulauf Aliscatnu überspannt, hindurch und sind nun auf dem Weg zum Tjäktjapass, dem höchsten Übergang des nördlichen Kungsleden.

Wir haben heute nur eine kurze Etappe mit etwa 13 km vor uns. Der Anstieg ist lange Zeit recht moderat, erst zum Schluss wird es anstrengender. Eine tiefe Schlucht trennt uns von den Tjäktja-Stugorna.

Den verschneiten Übergang haben wir zuvor im Gelände verpasst. So müssen wir noch einen guten Kilometer weiter nach oben, können dort den nächsten Übergang benutzen und kommen nach einer mühevollen Ehrenrunde zu unserem Nachtquartier.

Die Hunde erhalten ihren Platz, etwas windgeschützt, direkt am Hause. Peter, der Hüttenwirt, gibt mir gleich den Auftrag, genügend Wasser für die Hunde und mich herbeizuschaffen. Dabei hat er sechs volle 20-l-Kanister auf Vorrat dastehen. Ich weigere mich, werde lieber die für uns notwendige Flüssigkeit aus Schnee aufschmelzen. Das Wasser wäre aus einer nicht leicht zugänglichen Stelle aus der Schlucht zu holen. Eine Spinalkanalverengung behindert schon seit Jahren meine Gehfähigkeit. Nur in Gemeinschaft mit meinen Hunden kann ich Touren unternehmen und keine Alleingänge unter Belastung bewältigen.

Holzvorrat der Tjäktahütte

Zwei Gäste sind im Hause, ein Norweger und ein Deutscher. Der süddeutsche Landsmann schafft später auch noch meinen Anteil Wasser heran.

Der großzügige Aufenthaltsraum mit integrierter Küche ist mit mehreren Gasherden ausgestattet und verfügt über einen reichlichen Bestand an Pfannen, Töpfen, Geschirr und Besteck. Massive Tische stehen an einer breiten Fensterfront, welche den Blick über die Schlucht zum Fjäll freigibt.

Franzl und Flori beobachten die Gespanne gegenüber.

Tag 4

Bei einem ausgiebigen Frühstück lässt sich durch die großen Fenster beobachten, wie sich am gegenüberliegenden Berghang sieben Schlitten mit je fünf Hunden einer Touristengruppe in Schrägfahrt nach oben kämpfen. Wie ich später erfahre, ist es Andi mit seinem Team.

Peter, der Stugward und Olaf, der deutsche Gast, helfen mir bei der Startvorbereitung. Der Norweger ist auf seinen Skiern schon ein paar Stunden vor uns gestartet. Seine Kartentasche ist liegen geblieben. Unsere Huskypost verfolgt ihn und kurz vor den Sälkastugorna holen wir ihn auch tatsächlich ein.

Zuvor hatten wir jedoch die Überquerung des Tjäktjapasses mit seinen 1150 m Seehöhe. Mit den gut ausgeruhten Hunden geht es flott voran. Kurz vor dem Sattel müssen wir am steilen Hang noch eine scharfe Linkskurve bewältigen, ansonsten bietet der Trail keine Schwierigkeiten.

am Tjäkta-Pass

Direkt am Sattel steht eine stabile Unterkunftshütte mit Koch- und Schlafmöglichkeiten. Sie ist frei zugänglich. Da es aber erst später Vormittag ist, verweilen wir nur zu einer kurzen Rast. Diese möchte ich nutzen, um einmal meine treuen Gefährten vorzustellen:

Da sind meine beiden zuverlässigen Leader Flori und Franzl, beide siebeneinhalb Jahre alt. Es sind Siberian Huskies, stammen aus einem ungeplanten Wurf. Sie fanden keinen Käufer und ihr Schicksal war damit eigentlich schon sehr früh besiegelt. Da habe ich sie im Alter von genau acht Wochen übernommen.

Es war ein Trio, denn Felix gehörte noch dazu. Er passte immer sehr gut auf seinen kleinen und scheuen Bruder Franzl auf. Ich werde später mehr von ihm berichten.

Flori und Franzl haben sich zu sicheren Leithunden entwickelt und Gespanne bis zu 18 Hunden durch die Wälder, über gefrorene Moore und Seen geführt.

So ein Gespann ist von der Schnauze der Leader bis zum Kufenende etwa 35 m lang. Da kann man als Musher nicht mehr genau erkennen, was an der Spitze passiert und muss sich auf seine Getreuen verlassen können.

Carline, Tochter von Franzl, ist ursprünglich unser Kinderhund und kam im Januar vor fünf Jahren als kleiner Welpe zu uns.

Im gleichen Monat des Jahres übersiedelte die Tochter mit meinen beiden Enkelkindern nach Nordschweden. Es war eine harte Umstellung für die Mädchen, 7 und 12 Jahre alt, frühmorgens im Dunkeln und bei bis zu -34

Grad C zum Bus laufen, der sie in die 50 km entfernte Schule brachte. Da war das quirlige Welpenmädchen gerade richtig, sie kurz nach sechs Uhr zum Wecken zu schicken und gleich herrschte eine fröhliche Stimmung. Carline, klein aber kräftig, wurde eine konditionsstarke Schlittenhündin und bereitete im Gespann nie Probleme.

Gillian, Sohn von Flori, übernahm ich erst vor drei Jahren, da war er bereits über ein Jahr alt. Anfangs haben wir beide nicht gut harmoniert. Inzwischen ist er aber ein folgsamer und fleißiger Arbeiter innerhalb des Gespannes geworden.

Die beiden Wheeldogs Eagle und Spock habe ich vor knapp drei Monaten übernommen und zwar aus dem Zwinger einer Musherin, die bereits Wochen nach einem Autounfall im Koma lag. Wenn sie selbst wieder mit dem Schlitten fahren kann, bekommt sie beide zurück.

Es war schwierig, die Hunde zu integrieren. Sie zertrümmerten mir nach und nach alle Zwinger. Eagle, ein ausgezeichneter Kletterer überwindet jeden Zaun, schlüpft durch das engste Loch und innerhalb des Rudels gab es trotz aller Vorsicht immer wieder Verletzte. Inzwischen ist aber die Zusammenführung geglückt, beide wurden zum festen Bestandteil der Gemeinschaft und versuchen auch nicht mehr, die Umzäunung zu überwinden oder zu untergraben.

Eagle's Herkunft und Alter unbekannt, jedoch mindestens sechs Jahre alt, alaskanverwandt. Am

Schlitten ist er ein Störfaktor, versucht immer wieder, das Gespann zum Halten zu bringen, lässt sich notfalls umfallen. Bei der geringsten Unaufmerksamkeit zerreißt er sein Zuggeschirr. Wird er versehentlich rechts eingespannt, bekommt der Nachbar seine Wut zu spüren. Jeden Tag sage ich mir mindestens 30 mal, dass ich ihn bestimmt nicht mehr mitnehmen werde.

Spocki wurde ein ausgezeichneter Schlittenhund. Immer einsatzbereit, gehorsam und fleißig. Er ist der Wurfbruder von Gillian, also Sohn von Flori, dem Leader.

Die Abfahrt vom Tjäktjapass ist zunächst recht steil. Bei schlechter Sicht kann ich den Trail kaum erkennen, doch die Hunde, mit der Nase nahe am Boden, sind sicher in der Spur. Wahrscheinlich umgibt mich eine herrliche Berglandschaft, doch ich kann so gut wie nichts wahrnehmen.

Eine Gestalt taucht vor uns auf. Es ist der Norweger, der einzigste Mensch auf unserer heutigen Tagesroute von etwa 26 km. Dankbar nimmt er seine wertvolle Mappe entgegen und ist auch schon bald hinter uns außer Sichtweite.

Der Trail führt direkt zwischen den Hütten der Sälka hindurch. Die Sicht wird besser, das Gelände moderater. Wir fahren durch das Tal des Tjäktjajäkka. Die hohen Berge zur Rechten geben den Blick in die Schlucht des Cuhcavaggi frei. Links öffnet sich das steile Hochtal zum Kebnekaise-Massiv.

Schon bald stoßen wir auf die Schutzhütte Kuoperjäkka, baugleich mit der Hütte auf dem Tjäktjapass.

Kuoperjäkka
im Tjäktjavagge direkt am Kungsleden im Schnittpunkt zwischen Sälka und Kebnekaise – einem sehr gut gewählten Standort für die Schutzhütte

Die Hunde sind der Meinung, das wäre jetzt unsere nächste Unterkunft und machen es sich schon einmal entlang der Stuga gemütlich. Ich möchte aber lediglich einmal das Innere anschauen und kann mir vorstellen, im Notfall hier eine sehr passable Unterkunft zu haben. Sogar ein Sack Holz ist vorhanden.

Wir ziehen aber weiter, durch wechselhaftes Gelände, links an einem Samendorf vorbei, und kommen schließlich zu den Singistugorna.

In einer sehr gut beheizten Unterkunft finde ich den Stugward, zusammen mit einem riesengroßen Hund und einer deutschen Gehilfin. Er weist mir eine der freien Hütten mit den zahlreichen Betten zu, in der sich aber doch schon tatsächlich ein Musher eingerichtet hat. Seine acht Alaskans sind an der Schmalseite der Hütte zum freien Gelände hin angepflockt. Wohin mit meinen sechs Huskies?

Es pfeift inzwischen ein scharfer, unangenehmer Wind. Dieser hat einen mannshohen Graben rings um die Hütte ausgefräst. Schnell entschlossen baue ich hier mein Stake-Out, lasse den schweren Schlitten oben stehen und bugsiere die Hunde die steile Schneewand hinunter.

Mein Stuga-Mitbewohner ist Norweger. Er wärmt gerade sein teures Expeditions-Menü. Wir finden bald heraus, dass wir uns schon begegnet sind. Kurz vor dem steilen Aufstieg nach dem Abiskojävri bin ich mit meinem Gespann an ihm vorbei gefahren, als er mit dem Zeltaufbau beschäftigt war. Er hat jetzt meine Hunde wiedererkannt.

Dringend sollte ich meine Tochter Anja anrufen und ihr ein Lebenszeichen mit Standortmeldung durchgeben. Es ist ausgemacht, dass ich mich alle drei bis vier Tage melde. Doch hier gibt es weder Telefonhäuschen noch Sendemast. Der Norweger schafft Abhilfe. Er verfügt über ein Satelliten-Telefon und in wenigen Minuten spreche ich mit meiner Tochter. Und das ohne Gebühren. Ich revanchiere mich mit einer Portion Spagetti mit Köttbullar (schwedische Hackfleischklößchen), gewürzt mit eigener Soßenzusammenstellung. Mein Hütten-genosse ist begeistert. Es würde um vieles besser munden als sein zuvor gehabtes Menü.

Tag 5

Schon früh ist gedämpfte Unruhe in unserem Hüttenraum. Der norwegische Musher bereitet seine Weiterfahrt vor. Er möchte über Kiruna zum Dreiländereck. Es ist ein Punkt, an dem die Grenzen von Finnland, Norwegen und Schweden zusammenstoßen.

Der Stugward hilft ihm beim Einspannen der Hunde, steht auf der Schlittenbremse. Noch ein Winken nach einem rasanten Start und schon bald ist das Gespann in dem hügeligen Gelände verschwunden.

Gegen 11 Uhr kommt der Konvoi von Markus und seinen Touristen. Nach kurzem Halt geht es weiter. Die sieben Schlitten bereiten eine willkommene Trailverbesserung, denn wir haben etwas später das gleiche Ziel mit den Kaitumjaure-Stugorna.

Dort erhalten wir in einer kleinen Baumgruppe inmitten der Hüttensiedlung einen sehr guten Stake-Out-Platz, direkt neben dem Holz-, Geräte- und Werkstattschuppen. In diesem befindet sich auch ein gemütlich gestalteter Raum mit Bett, Tisch und gut funktionierendem Ofen, den ich bewohnen darf. Auch meine kleine Carline hat hier Zutritt.

Die STF-Hütten sind so gestaltet, dass in einem Teil der Räume der Aufenthalt von Hunden gestattet ist. Meine recht robuste Carline hat seit einigen Tagen ein Problem. Auch bei kleinen Pausen legt sie sich unverzüglich nieder, rollt sich ein, ist aber bei erster Aufforderung sofort wieder ziehbereit.

Als meine Zimmergenossin kann ich ihr wenigstens die windigen und kalten Nächte in Schnee und Eis ersparen. Sie liegt auf meinem eigenen karierten Leinen-Schlafsack.

Ja, der Wind wird zunehmend heftiger. Am Abend besucht mich Stugward Håkan und sagt mir, dass im Radio für den kommenden Tag Windstärke 27 gemeldet wurde. Er rät mir dringend, vorerst nicht meine Alleinfahrt fortzusetzen. Ich höre auf ihn und da ich einschließlich der Zeit für die Auto-Anfahrt nach Abisko schon eine Woche unterwegs bin, werde ich meinen ersten Ruhetag einlegen.

Tag 6

Markus zieht mit seiner Truppe den sicheren Trail zu den Singi-Stugorna zurück und wird dort wahrscheinlich östlich nach Nikkaluokta abbiegen. Jetzt bin ich der einzigste Gast in dem Hüttendorf.

Der Wind pfeift schon ordentlich, doch mehr Sorgen bereitet mir der weiche Schnee. Bei jedem Schritt versinkt man bis übers Knie, manchmal bis zum Oberschenkel in der weißen Masse. Die Temperatur liegt jetzt bei plus 5 Grad Celsius. Der Schnee ist von den Dächern abgerutscht, Bäume und Büsche stehen blank.

Gern würde ich die Hunde einzeln von der Kette nehmen und ein paar Schritte mit ihnen laufen, doch es ist mir unmöglich. Nur mit Mühe kommt man zur Wasserstelle, die hier hangaufwärts liegt. Ich nütze die freie Zeit für ein Sondermahl und einen kleinen Mittagsschlaf.

Erinnerungen an frühere Fahrten mit dem langjährigen Rudelführer drängen sich auf:

Bis vor etwa einem halben Jahr gehörte Felix zu unserem Gespann. Er war der unauffällig führende, doch absolut souveräne Rudelchef. Seine strahlenden, hellblauen Augen blickten aufmerksam, das Fell mit den langen Haaren fühlte sich seidenweich an. Mit tiefen Brummtönen beantwortete er alle Anreden und Fragen.

Auf Sommertouren war Felix mit seinen Packtaschen der Begleithund von mir und vor allem meiner 8 – 11 jährigen Enkelin Svenja. Bergauf, bergab passte er sein Tempo den jeweiligen Umständen an und reagierte feinfühlig auf alle Gegebenheiten.

Felix hatte ich vor etwa 7 Jahren, zusammen mit meinen beiden heutigen Leadern übernommen. Einer davon, Franzl, war damals sehr klein und äußerst scheu. Felix achtete immer darauf, dass kein anderer dem Fressnapf seines Bruders zu nahe kam oder ihm sonst ein Leid geschah.

Das Trio hatte unter Obhut ihrer Pflegemutter Bonnie eine fröhliche Kindheit und Jugend. Später arbeitete Felix meist als Wheeldog (direkt vor dem Schlitten), war aber auch als Leithund einsetzbar. Das nachstehende Bild zeigt ihn neben der kleinen Carline auf unserer letztjährigen Apriltour in den Fjällfjällen.

Felix neben der kleinen Carline
April 2015 in den Fjällfjällen (Foto: Melody, Bretagne/F)

Im Spätsommer waren gesundheitliche Schwächen bei Felix zu bemerken. Entgegen meinen Gewohnheiten nahm ich sofort Kontakt mit der Tierklinik und Tierärzten im Umkreis von 250 km auf. Ich gab eine Menge Geld aus, welches mir nicht gehörte. Zum Schluss, nach etwa acht Tagen, konnte man mir nicht einmal die eigentliche Todesursache nennen.

Mir bleibt im Rückblick der Trost, mein Möglichstes getan und sieben erlebnisreiche, schöne Jahre mit diesem einfühlsamen treuen Freund verbracht zu haben. Einige Ausreisser seien verziehen. Diese Tour hätte für ihn gepasst, seine Gegenwart und Kraft wären uns gut bekommen.

Gegen Abend besuche ich Håkan in seiner geräumigen Hütte. Er verfügt über ein gut sortiertes Ladengeschäft mit den hier gefragten Lebensmitteln und Artikeln, nur derzeit leider ohne Kunden. Auch ich kann da nicht einspringen, denn wie die Hunde werde auch ich mich während der gesamten Tour mit den Vorräten aus dem eigenen Schlittensack begnügen.

Håkan kann aber auch einen Telefon-Festanschluss bieten und ein kurzes Gespräch mit meiner Tochter rundet den Tag in Zufriedenheit ab.

Tag 7

Noch in der Dämmerung spanne ich ein. Wir haben diesiges Wetter, leichten Schneefall und nach wie vor lebhaften Wind. Håkan, der Stugward, filmt und fotografiert die Vorbereitung und unseren Start. Er ist informiert, dass unser nächstes festes Ziel die Sitasjaurestugorna sind, doch es kann dauern, bis wir dort ankommen.

In einigen Kilometern werden wir den Kungsleden verlassen, nach Überwindung einer Passhöhe und der anschließenden langen, steilen Abfahrt zum Teusajaure gelangen. Ab dort geht es westwärts durch unbewohntes, völlig weg- und pfadloses Gebiet, bis wir nach etwa 40 km auf den Nordkalottleden stossen.

Zunächst kommen wir gut voran. Der Wind packt uns seitlich, später spürbar von vorn. Es geht lange bergauf. In einer kleinen Senke kommt unsere Abbiegung nach rechts, vorerst noch mit deutlicher Scotermarkierung. Mit einiger Mühe erreichen wir schließlich den Bergkamm.

Jetzt geht es nur noch abwärts, und zwar länger und
steiler als uns lieb ist. Wir sind noch weit über der
Baumgrenze und so können wir direkt die Falllinie
anvisieren. Ich stelle mich mit vollem Gewicht auf die
Bremse und fordere die Hunde immer wieder zur
langsamen Gangart auf. Auch der schwere Schnee hilft,
dass der Schlitten unter Kontrolle bleibt.

Irgendwann die ersten Büsche und dann ist auch bald die
Waldgrenze erreicht. Hier zieht sich, nach wie vor sehr
steil, eine Art Trail in weiten Windungen hindurch.
Immer wieder müssen wir zimmerhohe Mulden
umfahren, wenn sich in früheren Tagen ein Scoter

versenkt hat. Heute haben wir seit unserer Abfahrt noch keinen Menschen gesehen und kein Motorengeräusch gehört.

Wären wir in eine solche tiefe Mulde abgerutscht, ohne Entladung des Schlittens und viel Schaufelarbeit wäre eine Bergung nicht möglich gewesen. Wir kommen jedoch heil auf Seehöhe, besser Wasserhöhe, an.

Wir haben den Teusajaure erreicht. Die Freude weicht jedoch sehr schnell einer Ernüchterung. Ein breiiger Sumpf aus Schnee, Eis und Wasser erwartet uns. Entlang des Ufers liegt hoher, weicher Schnee, nur manchmal schaut etwas Gestrüpp heraus. Hierauf kann man sich noch am ehesten fortbewegen, von fahren kaum noch zu sprechen. Dazu bläst uns ein starker Wind direkt von vorn an.

Wir schaffen mühsam etwa einen Kilometer, der Energieaufwand steht in keinem Verhältnis zum erzielten Erfolg.

Ufersaum des Teusajaure

Wir steuern einen etwas windgeschützten Abschnitt an Land an, der einen guten Stake-Out- und Zeltplatz bietet. Die vorhandene Elchlosung ist noch frisch, doch das kümmert uns wenig. Es ist erst Mittag, aber wohl das Beste, was wir in dieser Situation unternehmen können.

Auf Feuer verzichte ich, das wäre trotz geschützter Lage recht schwierig geworden. Mein Zelt wird durch den Wind auf ein Minimum seiner Fläche zusammengedrückt.

Tag 8

Schon früh am Morgen machen wir uns, gut ausgeruht, auf den Weg. Nach wie vor versinke ich bei jedem Schritt bis zum Oberschenkel im Schnee. Die Hunde sind in Körperbau und Bewegungsablauf solchen Verhältnissen besser angepasst, sonst kämen wir überhaupt nicht vorwärts.

Wir überqueren über eine Schneebrücke einen Bachlauf, müssen nach einiger Zeit wieder umkehren und einen neuen Weg suchen. Endlich finden wir eine etwas festere Unterlage und kommen bis zu einer Seeverbreiterung besser voran.

nicht passierbar

Hier wäre normalerweise ein Übergang, doch das sumpfige Oberwasser ist so tief, dass heute nicht daran zu denken ist. Schon nach wenigen Schritten geht das Wasser bis zum Schaftrand meiner Stiefel. Die Hunde hätten keinen Grund oder auch Eis unter ihre Füße bekommen und der Schlitten wäre hoffnungslos in dem nicht begehbaren wässrigen Brei stecken geblieben. Sogar in meiner Landkarte war hier der Vermerk „svag is" (schwaches Eis).

Also wieder mühsam zum Ufer, im Tiefschnee eine kleine Anhöhe hoch, später wieder zum Ufer zurück, immer auf der Suche nach dem noch möglichen Durchgang.

Endlich eine alte, aber noch erkennbare Scoterspur. Sie geht in die Berge und wird sicher eine Krümmung des Wasserlaufes abkürzen.

Blick zurück

Frohgemut folgen wir ihr, da sie auch eine etwas bessere Unterlage für Hundepfoten und Schlittenkufen bietet. Wir gewinnen Höhe, kommen auf freie Flächen und die Spur endet im nirgendwo. Mühsam den schweren Schlitten im Tiefschnee des bergigen Geländes wenden und mehr in südlicher Richtung nach unten abfahren.

Der Bewuchs mit Büschen und auch Bäumen nimmt zu. Es wird allmählich dunkel. Der Schlitten bleibt an einem harten knorrigen Gewächs hängen. Schluss für heute, auch wenn wir in Luftlinie wohl kaum mehr als 3 km geschafft haben.

frostiges Nachtlager

Die Hunde bleiben wo sie sind, lediglich die Neckleine (Verbindung von der Hauptleine zum Halsband) wird gelöst. Sie bekommen ihr Futter. Ich begnüge mich mit einem Rest Dauerwurst und etwas Schokolade. Mein Nachtplatz ist auf dem Schlitten, Carline kommt direkt daneben, Gillian in ihre Nähe. Die anderen vier bleiben an der Hauptleine. Alle buddeln ihre Kuhle, rollen sich ein und lassen sich von dem leicht beginnenden Schneefall sachte eindecken.

Ich suche das Außenzelt hervor, lege mich auf den beladenen Schlitten und decke mich mit der Plane notdürftig zu.

Tag 9

Bei Tagesanbruch steige ich von meinem frostigen Nachtlager in der Hoffnung, dass jetzt die Schneedecke besser hält. Doch die über Nacht gebildete dünne Harsch- und Neuschneeschicht hält keine Belastung aus. Wie am Vortag versinke ich bei jedem Schritt bis zum Oberschenkel im weichen Schnee.

Also die Schneeschuhe anziehen und eine Spurlinie für die Hunde bilden. Wir sind am oberen Waldsaum und es wird harte Arbeit geben, den schweren Schlitten im tiefen Schnee zwischen den vielen Bäumen hindurch in den Talgrund zu bringen. Doch ich habe mir vorgenommen, heute nur positiv zu denken.

Eine Morgensuppe für die Hunde oder Frühstück für mich entfällt. Die Neckleinen werden angelegt, der Schlitten von dem knorrigen Busch gelöst und die erwartete, kräftezehrende Arbeit beginnt. Doch schon bald stoßen wir auf einen Bachlauf, der wohl nur im Frühjahr und Sommer Wasser führt. Das Bachbett ist gut mit Schnee ausgelegt, keine großen Steine oder Felsen, keine Büsche und Bäume. Die Kurven sind gut zu nehmen und das Gefälle erlaubt eine zügige Fahrt. Wie erlöst stürmen meine Hunde mit Schlitten und mir bis zum Talgrund.

Der Wasserlauf vom Teusajaure zum Suorggejohka ist hier nur schmal und trägt gutes Eis. Wir wechseln zur Südseite des Tales, da mir hier die Landschaft etwas weitläufiger und besser befahrbar erscheint.

Eine wildromantische Gegend liegt vor uns. Der Wasserlauf wird zum eisbedeckten Fluss, bildet Seen mit Buchten und Inseln, ändert immer wieder seine Richtung und gibt ständig neue Ausblicke frei. Nicht das geringste Zeichen menschlicher Eingriffe. Der viele Kilometer lange Rentierzaun kommt erst später in Erscheinung.

Auf den eisbedeckten kleinen Seen kommen wir prächtig vorwärts. Den Huskies macht es Spaß, endlich wieder zu rennen und wir schaffen fast mühelos und in Kürze reichlich Strecke.

zwischen Schlucht und Rentierzaun

Das Tal wird irgendwann zur Schlucht und wir müssen nach oben ausweichen. Teilweise balancieren wir jetzt zwischen Rentierzaun und steilem Abhang. An einer schadhaften Stelle des Zaunes ziehen wir es vor, auf die sichere andere Seite zu wechseln.

Um diese Jahreszeit befinden sich hier keine Rentiere, doch reichlich Elche. Die Hunde spielen bei jeder Begegnung verrückt, besonders Carline und Spock. Ich muss hart auf der Bremse stehen, bis sich die riesigen Tiere, meist sehr gemächlich, außer Sichtweite begeben haben.

Ein Elchkalb möchte unbedingt wissen, was es mit den kläffenden Dingern auf sich hat und läuft auf uns zu. Die Elchkuh, schon auf der Flucht, dreht um, schneidet dem Kleinen den Weg ab, drängt es zurück. Sie hält sich zwischen ihm und uns und bringt ihren Nachwuchs in höchster Aufregung schließlich außer Sichtweite.

Ich bin der Meinung, dass wir wieder mehr in Talnähe kommen müssen und lenke die Hunde durch den zunächst lichten Baumbestand schräg nach unten. Bei einem kurzen Halt, ich befestige meinen gepackten Schlafsack etwas besser am Schlitten, gibt es plötzlich einen Blitzstart. Ich kann mich gerade noch mit der Armbeuge an der Handlebar festhalten, werde mitgeschleift und spüre dies deutlich an meiner verlängerten, rechten Rückseite. Auf mein lautes Stopp-Schreien hält die Meute doch recht schnell.

Nicht weit vor uns hat sich in einer Mulde offenbar eine Elchkuh mit ihrem Kalb aufgehalten, wie ich anschließend aus den Spuren ersehen kann. Erschreckt durch unser Kommen sind die beiden geflüchtet und haben meine Hunde förmlich mitgerissen. Denen kann ich da keinen Vorwurf machen, es sind eben Huskies.

In der Mulde liegt tiefer Schnee, der Wald wird hier dichter und ich muss einsehen, dass wir in diesem Bereich nicht die Talsohle erreichen können. Außerdem ist ja völlig offen, ob die Schlucht dann auch befahrbar ist. Oder wir den gesamten Weg wieder nach oben machen müssen. Also fahren wir besser gleich wieder aufwärts.

Mühsam den Schlitten drehen, die Hunde ausrichten und „go". Aber da habe ich die Rechnung ohne meine Getreuen gemacht. Es ist Mittagszeit, Schlafenszeit und wir sind seit Tagesanbruch unterwegs. Alles Bitten und Betteln hilft nichts, solidarisch bleiben sie liegen und halten ihre erholsame Mittagsruhe. Ich schwinge mich auf den Schlitten, knabbere an meiner Schokolade und mache es ihnen gleich.

Etwas später spure ich den vermeintlich besten Weg mit meinen Schneeschuhen vor und komme auch bald an einen wasserführenden Bachlauf. Weiter oben finde ich eine tragfähige Schneebrücke. Mit den jetzt ausgeruhten Hunden schaffen wir die Steigung gut und können bald an dem baumlosen und nicht steilen Berghang traversieren.

Hier ist der Schnee meist nicht tief, der ständige Wind hat gute Arbeit geleistet. Dafür kommen jetzt aber ganze Felder mit Felsen, großen Steinen und freigewehten Felsplatten. Die Beläge des Schlittens müssen das aushalten, keinesfalls dürfen wir aber mit einer Kufe frontal gegen einen kantigen Stein donnern. Die Folgen eines solchen Bruches sind nicht auszudenken.

Etwa 200 m tiefer liegt seitlich vor uns eine große, vereiste Wasserfläche. Es ist der Suorggejärvi. Wir haben den schwierigsten Teil unserer Tour geschafft. Das einsame Tal mit der für mich immer noch geheimnisvollen Schlucht liegt hinter uns. Vor uns jetzt ein weiter, freier Blick. Kein Busch- oder Baumbestand säumt das Ufer. Eine offene Stelle im Rentierzaun und im Galopp sausen die Hunde bis zur Eisfläche.

Am Rand ist das Eis noch mit vielen Felsen und Steinen durchsetzt. Auch habe ich Mühe, die Hunde aus der Ufernähe zu dirigieren. Da kommen wieder meine beiden Oldies, Flori und Franzl nach vorn und in flottem Trab peilen wir das andere Ende des Sees an.

Nach etwa drei Kilometern kommt die erste menschliche Behausung der letzten drei Tage in Sicht. Eine kleine, alte Fischerhütte, auf einer Anhöhe am linken Uferstreifen gelegen. Franzl hat den Drang, die Sache näher in Augenschein zu nehmen und lässt sich davon nicht abbringen. So kommt Spock zu seinem Vater Flori ins Lead.

Auf der anderen Seite der Anhöhe fahren wir wieder zügig zum See hinunter. Dieser endet in einer schmalen Bucht und wir müssen einen längeren Anstieg über eine Landzunge meistern.

Rechts in den Bergen über uns entdeckt der aufmerksame Spock einen Elch und kann nicht begreifen, dass er an einer Verfolgung samt Schlitten gehindert wird. Ich muss lange auf der Bremse bleiben, bis das stattliche Tier im Felsengewirr verschwunden ist und wir unsere Fahrt fortsetzen können.

Nach längerem Anstieg und kurzer Abfahrt erreichen wir den Autajauvre. Auch hier ist das Eis gut, leicht mit einer Schneeschicht überzogen. Wir können einer noch schwach erkennbarer Scoterspur folgen.

Flori hat nach vielen Stunden im Lead die Führungsarbeit weitgehend seinem Sohn Spock überlassen. Spock beobachtet immer alles sehr aufmerksam, was um ihn herum geschieht. So hat er zum Beispiel stets den Uferstreifen im Blick. Das führt zuweilen aber dazu, dass er seine Spur verliert. Zum Glück ist es hell genug und ich kann jeweils kurzfristig korrigieren.

Laut Karte verläuft am Westufer des Sees der Trail des Nordkalottleden. Unsere Scoterspur zweigt aber kurz zuvor zum Südende der Eisfläche ab, wo am Ufer, verteilt am Hang, mehrere Hütten sichtbar sind. Wir halten an der ersten, wahrscheinlich einer Sauna, um zu pausieren. Die Hunde erhalten ein Stück Lachs als Snack.

Nur etwa zehn Minuten nach unserem Stop sehe ich auf dem See fünf oder sechs Scoter, die meisten mit Anhänger. Es sind die ersten, die ich seit drei, nein seit vier Tagen zu sehen bekomme. Sie biegen aber nicht wie wir zum Süden ab, sondern fahren direkt zum Trail.

Wäre diese Kolonne eine Viertelstunde früher gefahren, wären wir auf deren Spur geblieben und hätten noch vor Dunkelheit unser Ziel erreicht. Doch wenn und hätte hilft nicht weiter, Tatsache ist Realität.

Ich wende mühsam den Schlitten und will die Hunde in die neue Richtung stellen. Die sind sich aber einer Meinung, dass jetzt eine nächste Schlafpause fällig ist. Eigentlich haben sie ja auch recht. Abgesehen von den durch Elche bedingten Stillständen und dem kurzen Mittagsschlaf sind sie seit Tagesanbruch hart arbeitend in schwierigem Gelände unterwegs.
Aber was mache ich? Es wird dunkel. In der obersten und größten Hütte brennt ein Licht. Bietet sich vielleicht ein Notquartier und ich kann die Hunde in der geschützten Bucht einfach schlafen lassen?

Ich stapfe ohne Gepäck den Hang hinauf, klopfe an der Türe, trete ein. Die Hütte besteht aus einem einzigen großen Raum. An einem Tisch sitzt eine Frau mittleren Alters, eine jüngere Frau und ein vierjähriger Bub. Großes Erstaunen und in dem nachfolgenden freund- lichen Gespräch versichert man mir ausdrücklich, dass die Sitasjaurestugorna nur vier Kilometer und keines- falls weiter entfernt liegen.

Die Hunde sind eigentlich noch immer unwillig, die Reise fortzusetzen, doch schließlich geben sie meinem Drängen nach. Bald haben wir den Trail am markierten Scoterleden erreicht.

Es ist inzwischen Nacht geworden, der Mond bietet jedoch genügend Helligkeit. Die Hunde haben einen flotten Trab angeschlagen, wir kommen gut vorwärts.

Da tummeln sich drei Gestalten auf unserer Fahrbahn. Eine löst sich und springt hinunter zum See. Übrig bleiben eine Elchkuh mit ihrem Kleinen und ein ähnlicher Vorgang wie am Vormittag wiederholt sich.

Das Kalb läuft uns entgegen. Die Mutter überholt es, wirft sich vor ihm zu Boden und versperrt ihm so den weiteren Weg. Es dauert noch, bis beide in gemächlichem Tempo den Rückzug antreten. Alles wieder sehr aufregend für meine Hunde und ich bin froh, dass mein Schlitten über eine wirklich stabile Bremse verfügt.

Inzwischen sind wir an einer sehr kleinen und zwei minimal größeren Hütten vorbei gekommen. Die angegebenen vier Kilometer sind sicher schon überschritten. Bei einer Entfernungsangabe kommt es ja nicht so sehr darauf an, ob man ein paar Kilometer mehr oder weniger zu fahren hat, sondern man will das gesuchte Objekt nach der angegebenen Distanz orten, kehrt notfalls um und sucht aufmerksam den bewussten Bereich ab. Nichts zu finden, also weiter.

Ich habe das Gefühl, dass die Hunde vom Trail abkommen, jedoch nicht zögern und ihr volles Tempo beibehalten. Durch wechselhaftes Gelände gelangen wir nach einiger Zeit auf eine zerklüftete Hochfläche. Die Leader ziehen einen Kreis und schauen mich erwartungsvoll oder auch ratlos an, ich kann es nicht deuten.

Der Blick schweift im weiten Rund. Wir haben nahezu Vollmond und einen klaren Sternenhimmel. Unser Standort liegt über der Baumgrenze, die verstreut liegenden Felsblöcke wirken gespensterhaft. Rechter Hand neigt sich die Fläche zu einem See oder Wasserlauf. Linker Hand steigen in einiger Entfernung hohe Berge empor.

Auf, lasst uns wenigstens etwas Windschutz suchen! Die Aufforderung kommt zu spät, meine Meute hat sich bereits eingegraben. Ich kann nur noch ihre Neckleinen lösen und etwas Futter hinstreuen. Nach rund 15 Stunden Arbeit muss endlich mal Ruhe sein. Ich klettere auf den Schlitten, müde, aber doch recht zufrieden über den abgelaufenen Tag.

Kein Laut ist zu hören, kein Mensch oder Tier zu sehen. Doch vor der letzten Hütte steht eine zierliche Gestalt. Aus dem kapuzenumrahmten Gesicht blicken uns zwei blaue Augen entgegen und der Mund spricht ein „Välkommen".

Wir sind bei den Sitasjaurestugorna eingetroffen und werden bereits erwartet. Håkan, der Stugward von der Kaitumjaure-Stuga hat schon drei Mal angerufen und nach unserem Verbleib gefragt. Er erhält einen beruhigenden Bescheid und ich kann auch gleich meiner Tochter unseren neuen Standort mitteilen. Obwohl noch auf schwedischem Boden werden die Telefonate über eine norwegische Leitstelle vermittelt.

Marta arbeitet als Stugward und lebt hier mit Mutter und Hund in einer winzigen Wohnung. Ich bin der einzigste Gast. Sofort wird der Ofen in einer der beiden Vier-Betten-Kammern angezündet und Wasser bereitgestellt.

Dieses wurde zuvor aus einem mehrere hundert Meter entfernten felsigen Gelände geholt. Die Stugwardin benutzte hierfür ihre Skier, packte einen Kanister auf den Schlitten und besorgte mühevoll das kostbare Nass.

Marta repariert den durchgebissenen Ziehgurt von Eagle, schneidet mir einen eingerissenen Fingernagel und hat auch sofort das Loch in meinem Handschuh entdeckt.

Nach dreieinhalb Tagen Wildnis fühle ich mich hier sehr wohl, kann kochen und auch die Hunde wieder einmal gründlich versorgen. Diese sind, möglichst windge-schützt, vor der Hütte angebracht.

Der Blick geht über ein weites Gelände, welches sich leicht abwärts neigt. Marta fragt, ob ich da irgendwo geschlafen hätte? Ihr Hund habe sich so merkwürdig benommen. Sie liebt Hunde und schätzt ihre Treue.

Blick von der Sitasjaurestuga

Man stößt immer wieder auf den Irrglauben, dass ein Besitzerwechsel dem Husky so ziemlich gleichgültig ist. Das mag für Hunde zutreffen, die in einem Großzwinger untergebracht oder in einem weitläufigen Gelände an eine Kette gebunden sind. Versorgt werden sie von wechselnden Doghandlern. Sie kennen weder Rudelbindung noch dauerhaften Bezug zu einem Menschen.

Nach dem Verkauf kommen sie an eine andere Kette, bekommen meist das gleiche Futter und vernehmen höchstens ein etwas anderes Motorengeräusch des neuen Transportfahrzeuges.

Tatsächlich hängt der Husky in einer intakten, kleineren Gemeinschaft an seiner Umgebung. Er liebt seinen Herrn, die Familie, und ist Teil des Rudels. Nur in den seltensten Fällen würde er diese Gemeinschaft dauerhaft verlassen. Seine Treue ist sprichwörtlich, für den Hund bindend. Es ist wohl selbstverständlich, dass er auch als Pensionär in seiner vertrauten Umgebung bleibt.

Sollte eine Trennung unumgänglich sein, dann muss man das künftige Wohl des Tieres beachten. Vielleicht findet man einen Menschen, der sich um ihn kümmert und regelmäßig mit ihm kleine Ausflüge unternehmen kann.

Trotz seiner Robustheit, Kraft und Ausdauer ist der Husky ein sensibles Geschöpf. Wir erwarten von ihm, dass er unsere Befehle und Kommandos befolgt, kümmern uns aber kaum um seine Bedürfnisse, verstehen seine Äußerungen und Handlungen oft nicht. Dabei bewegen den Hund, ähnlich dem Menschen, Neid, Missgunst, Ärger, Frust, aber auch Freude, Vertrauen, Anerkennung.

Berechtigten Tadel nimmt er hin, Unrecht oder ihm nicht verständliche Zurücksetzung kränken ihn. Viel loben, wenig schimpfen ist mein Rezept. Und wenn es notwendig ist, für ihn da sein. Er dankt es mit lebenslanger Hingabe, Einsatz und Treue.

Tag 11

Erst am nächsten Mittag ist gepackt und wir fahren nach einem herzlichen Abschied weiter. Unsere Route ist durch Kreuze vorgegeben, doch ziehen sich immer wieder Scoterspuren durch das Gelände. Nach diesen richten sich die Hunde, die auf Pfählen befestigten Wegmarkierungen werden von ihnen generell nicht beachtet.

So muss ich, wenn wir von unserer Route zu weit abkommen, ihre Laufrichtung immer wieder korrigieren. Ein hilfreicher Trail ist hier wie da nicht vorhanden.

Der weiche Schnee mindert das Tempo und fordert die Kraft der Hunde. Das baumlose Gelände bietet Anstiege wie Abfahrten, ist nicht langweilig, hat seinen eigenen Reiz.

Das Wetter bessert sich, die Sonne dringt immer öfters durch und gibt von den Anhöhen einen weiten Rundum-blick frei.

Wir treffen ein dänisches Paar mit ihren Pulkas, die einzigste Begegnung an diesem Tag. Bald erreichen wir die Talsohle mit einem langgestreckten See, sind hier aber immer noch etwa 800 m über Meereshöhe. Eine verstreut liegende, jetzt unbewohnte Samen-Siedlung ist zu erkennen. Die Pulkaspuren der Dänen sind für die Hunde jetzt eine markante Weg-Orientierung.

Nach einem nächsten Anstieg liegt eine auffallende Erdhütte der Samen direkt an unserer Spur. Sicher nicht einfach, weit oberhalb der Baumgrenze eine solche Behausung zu erstellen.

Die etwa 3 km über den Kaisejaure lassen sich gefahrlos überqueren, doch liegt eine geschlossene Schneedecke auf dem Eis des Sees. Die Hunde arbeiten auch nach circa 20 km sehr gut, doch das tiefe Geläuf mindert unsere Reisegeschwindigkeit beträchtlich und so ist es schon gegen Abend, als wir an der Hukejaurestuga eintreffen.

Asher, der Stugward, bereits 74 Jahre alt, empfängt uns freundlich. Er bewohnt mit seiner Frau und einem winzig kleinen Hund den Mittelteil der Hütte. Meine Hunde werden in dem hier vor der Hütte herrschenden Windschatten angepflockt. Sie haben einen lockeren Schnee und können sich herrlich eingraben.

Kurz nach uns trifft ein junger Skifahrer, wohnhaft in Umeå, mit seiner Pulka ein.

Als der Ofen bereits kräftig bullert, kommt noch ein völlig durchfrorener Scoterfahrer aus Norwegen hinzu, der sich erst mal eine halbe Stunde an der Wärmequelle auftauen lassen muss.

Tag 12

Die Hukejaurestuga liegt auf einer kleinen Anhöhe, umrahmt von einem herrlichen Bergpanorama.

Die Sonne strahlt vom Himmel und mindert ein wenig die herrschende Morgenkälte. Ein Wegweiser zeigt zwei Richtungen an, doch alles ist in einem blendenden Weiss übergangslos eingefangen.

Nur gegen Nordwesten zeigen sich ein paar alte Scoterspuren, doch Asher meint, die führen ins Nirgendwo. Wir müssen uns nach Nordosten halten, einen langgestreckten Berghang hinauf. Tatsächlich kann ich in der Ferne einige Kreuze ausmachen. Da kommen auch schon zwei schwere Scoter über den Pass geklettert und schieben sich den Hang herunter.

Jetzt haben die Hunde wenigstens eine kleine Erleichterung für ihre Spur, auch wenn sich bei dem trockenen Schnee keine feste Unterlage bilden kann.

unser Trail zum Pass

Der Schlitten ist gepackt, die ausgeruhten Hunde eingespannt. Nach kurzer Abfahrt beginnen wir mit dem langen Anstieg. Die Hütte im Grund wirkt immer kleiner und bei den kurzen Verschnaufpausen bietet sich ein märchenhafter Ausblick in die unberührte Bergwelt.

steiler Anstieg

Nach dem Übergleiten der langgezogenen Passhöhe erreichen wir ein bogenförmig geschwungenes Hochtal, an dessen Südseite unsere jetzt moderat verlaufende Spur weiterführt. Nach einem kurzen, aber sehr steilen Anstieg, ich sehe meine vorderen Hunde nach deren Erklimmen des Kammes nicht mehr, öffnen sich wieder völlig neue Ausblicke.

Wir kommen in ein weiteres Hochtal, befinden uns auf dem Nordkalottleden. Imposante Bergketten bieten sich rechts und links dem Blick. Die Sonne strahlt aus einem wolkenlosen Himmel. Wir sind noch auf knapp 1000 m über dem Meeresspiegel und unser Lauf führt meist leicht abwärts. Die Huskies traben fast mühelos dahin.

Nur die Scoterkreuze zeugen von menschlichen Eingriffen, ansonsten Natur pur. Und absolute Stille, selbst der Wind ist kaum zu spüren. In dieser grandiosen Kulisse, dem herrlichen Schnee, den herrschenden klimatischen Bedingungen, mit der guten Laune und dem beschwingten Lauf der Hunde, erlebe ich wohl die schönste Bergtour meines Lebens.

in grandioser Landschaft

Das Tal wird eng, fast eine Schlucht zum Ausgang in die breite Ebene des Tjäktjavagge, in welcher auch der Kungsleden verläuft. Es gibt noch eine kritische Schrägfahrt, bei welcher offensichtlich schon vorher die Scoter ihre Schwierigkeiten hatten. Dann kann ich die Bremse freigeben und es geht in vollem Galopp das letzte Stück abwärts, hinaus in das flache Gelände.

Ein einsamer Skifahrer, die einzigste Begegnung beim heutigen Streckenverlauf, kommt uns entgegen. Er springt zur Seite, zückt seine Kamera und filmt oder fotografiert. Wie gerne hätte ich eine Ablichtung von dieser Szene gehabt, doch wir sausen mit einem schnellen Gruß vorbei, weiter.

In der Ebene zeigen sich mehrere Scoterspuren, die fächerförmig alle nach Osten führen. Schon bald zeigt ein altes Scoterkreuz nach links. Franzl will diesen Weg einschlagen, doch ich halte an unserer bisherigen Richtung fest. Wäre ich doch nur seinem Willen gefolgt, es hätte uns eine gute Stunde Umweg erspart.

So fahren wir weiter, nach dem Sonnenstand jetzt etwas mehr nach rechts, kreuzen unbemerkt den Kungsleden, da hier kaum Spuren erkennbar sind und kommen südlich des Kebnekaise-Massivs wieder in die Berge.

Blick zum Kebnekaise-Massiv

Das kann nicht richtig sein. Nach näherem Gelände- und Kartenstudium wenden und zurückfahren. In Höhe einer abenteuerlichen Hängebrücke zu einem Sami-Dorf nehmen wir den Kurs nach Norden.

Bald kommen wir zur Kuoperjäkka-Schutzhütte, die wir vor einigen Tagen tangiert und inspiziert haben. Die Hunde glauben schon, es wäre Feierabend, doch ich möchte wenigstens noch bis zur Sälkastuga.

Dort weist mir der freundliche Stugward eine Hütte mit zwei großen Räumen zu, die ich wieder einmal allein bewohnen darf. Auf einem Schlitten bringt er in einem großen Kanister frisches Wasser. Holz für die Feuerung ist in zwei geräumigen Kisten neben dem Ofen reichlich vorhanden.

Draußen lote ich wie üblich den günstigsten Windschutz für die Hunde aus, befestige ein Ende der Stake-Out-Stahlleine an dem fest verankerten Schlitten, das andere Ende hangabwärts an einem stabilen Wegweiserpfosten.

Sälkastugorna

Der Windschutz ist mir wichtig, denn die Hunde lagern über Nacht unverändert an einem Standort. Die Kette hindert sie, sich selbst einen eigenen Schutz zu suchen. Wenn der Schnee verblasen ist, Eis, gefrorener Boden oder Felsen die Liegefläche bilden, können sie sich nicht einmal eingraben.

Schon ein lebhafter Wind mit 11 m/s erhöht den Kältegrad von – 29° C, in dem Bereich des Polarcirkels nicht ungewöhnlich, auf circa – 58° C. Ähnlich kalte Nächte möchte man seinen Hunden ersparen, schließlich sollen sie auch am nächsten Tag wieder die volle Energie ihrer Zieharbeit widmen können.

Ein junger Mann gesellt sich zu uns, beginnt ein Gespräch. Es ist Andi, der Guide einer größeren Gruppe, deren 35 Hunde weiter unten angepflockt sind.

Ursprünglich aus dem Aargau in der Schweiz stammend, ist er im Winter fast ausschließlich hier im Norden unterwegs. Er hat schon von uns gehört, vor etwa zehn Tagen uns auch schon aus der Ferne gesehen.

Andi betrachtet mein Gespann und sagt, dass ich schöne Hunde habe. Welche Mutti freut sich nicht, wenn ihre Babies bewundert werden. Er fragt, was ich füttere? Es ist Fertigfutter und Lachs, genau wie bei ihm auch.

Andi bietet an, mir mit Futter oder auch Nahrung auszuhelfen, wenn ich etwas benötige. Danke vielmals, wir sind mit allem genügend bevorratet und ich bin schon etwas stolz, nach zwölf anstrengenden Tagen alles im Griff zu haben und Hunde, Ausrüstung und mich selbst in bester Verfassung präsentieren zu können.

Am Abend besucht mich Andi in meiner Hütte. Wir trinken Zitronentee pur, der Rum zur Geschmacksverfeinerung lässt sich in meinem Durcheinander leider nicht finden.

Der Gesprächsstoff geht uns nicht aus. So erfahre ich, dass es für den Guide in diesem Winter schon die 13. Tour auf dem Kungsleden ist. Kaum im heimatlichen Camp angekommen, wartet schon die nächste Reisegruppe mit meist sechs Leuten auf ihn.

Diese kommen aus aller Welt und unterscheiden sich in vielen Dingen. Die jetzige Gruppe wäre ja ganz in Ordnung, doch bei der letzten wussten einige nicht, auf was sie sich da eingelassen haben.

Ich bin mir sicher, dass es viel Einfühlungsvermögen und Geschick benötigt, die kleine Karawane (jeder Schlitten hat fünf Hunde) bei oftmals schwierigen Wetter- und Trail-Verhältnissen über die Sechs-Tages-Runde zu bringen. Manchmal wird in Hütten übernachtet, manchmal gezeltet.

So habe er mich Ende vorletzter Woche auf dem Trail gesehen. Ich kann mich erinnern, schon bald nach den Abiskojaure-Stugorna war auf der linken Seite ein sehr gut geordnetes Lager mit vielen Hunden und einem großen Zelt errichtet.

Nur zwei oder drei Kilometer weiter war auf der rechten Seite ein einzelner Musher mit seinem Zeltaufbau beschäftigt. Der Fahrtverlauf von allen ging südwärts, wenn auch zu unterschiedlichen Zeiten. So bewältigte mein Gespann noch am gleichen Tag den steilen Anstieg im Garddevaggi.

Am nächsten Morgen sieht Andi über sich am Berghang ein Schlittengespann und ist der festen Annahme, dass es sich um uns handelt. Aber da sind ja acht Hunde vorgespannt und er hat doch genau gesehen, dass der Schlitten vom Vortag nur sechs Hunde hatte. Wie kommen über Nacht zwei Hunde dazu?

Erst später kam die Aufklärung, dass sich zum gleichen Zeitpunkt außer ihm zwei Gespanne im gleichen Bereich bewegten. Offensichtlich kommt das hier selten vor.
(Der Musher mit den acht Hunden war übrigens der Norweger, mit dem ich am vierten Abend die Hütte in den Singistugorna teilte.)

Andi gibt mir noch ein paar Tipps für die Weiterfahrt. So erzählt er mir auch von dem überaus langen Anstieg direkt nach den Alesjaurestugorna und der extrem steilen Abfahrt zu meinem nächsten Tagesziel Unna Allakas.

Tag 13

Zunächst müssen wir aber wieder den Tjäktjapass überqueren, dieses Mal von Süden. Die mir ab Stugorna empfohlene Tallinie verfehle ich knapp und so haben wir die ersten paar Kilometer des Berghanges in unangenehmer Schräglage zu bewältigen.

Es herrscht herrlicher Sonnenschein. Der Blick kann ungehindert die noch vor uns liegende und immer steiler werdende Strecke erfassen.

Zwei Scoter mit mehreren beladenen Anhängern kommen in weitem Bogen den Hang herunter. Ja, die Burschen müssen wirklich gut fahren können und auch das Gelände genau kennen.

Generell ist hier Scoterverbot und es gibt nur wenige Lizenzen für Transport- und Rettungseinsätze. Am Spätnachmittag, viele Kilometer weiter, werden mich die beiden grüßend überholen, die Anhänger auf der Rückfahrt mit Müll beladen.

Im Gegensatz zu den Vortagen begegnen uns heute immer wieder Menschen, meist mit Pulka, wenige auch mit riesengroßen Rucksäcken. Fast alle haben Mühe, die steile Abfahrt zu bewältigen. Es ist sicher nicht einfach, in dem tiefen, weichen Schnee und dem reichlichen Gepäck die Skier zu kontrollieren.

Die letzten paar hundert Meter aufwärts müssen die Hunde und auch ich nochmals tüchtig ran, dann ist die unverschlossene, kleine Hütte im Bergsattel erreicht. Es soll sich hier um die höchste Erhebung des nördlichen Kungsleden handeln. Gern hätte ich in der Hütte genächtigt, doch es ist erst Mittagszeit und vor uns liegt noch ein weiter Weg.

Also geht es abwärts, zunächst in einem stark abfallenden Schrägbogen, dann in lockerer Fahrt zur Tjäktjastugan. Den Schlitten bremse ich so weit herunter, dass die Zugleine nur noch leicht gespannt ist und die Hunde sich bei einem flotten Trab von der harten Zieharbeit des Anstieges erholen können.

Vor der Tjäktjastuga steht eine Gruppe von Menschen und sieht mir erwartungsvoll entgegen. Die Hütte ist zugesperrt, an der Türe klebt ein Zettel mit der Aufschrift „bin gegen 15 Uhr wieder zurück".

Irgendwo sahen die Leute einen Stapel Hundefutter und waren jetzt der Meinung, der Stugward habe Schlittenhunde und käme nun nach Hause. Leider muss ich sie enttäuschen, ich habe keinen Schlüssel.

Nach kurzem Aufenthalt und einem kleinen Schwatz in der Sonne, die Hunde werden reichlich gestreichelt und fotografiert, geht es weiter, noch immer abwärts.

Aus unserem erhöhten Stand haben wir einen guten Überblick und sehen verstreut und meist in kleinen Gruppen viele Skifahrer den Hang herauf stapfen. Diese alle kann die Hütte, vorausgesetzt sie wird noch aufgeschlossen, keinesfalls bei ihrer normalen Bettenkapazität aufnehmen können. Da wird es eine Menge unbequemer Notlager geben. Es ist Osterwoche.

Jede Abfahrt geht einmal zu Ende und die Weiterfahrt in hügeligem Gelände bei weichem Schnee ist ermüdend.
Fast unter der Hängebrücke bei Alesjaure, direkt am Trail, arbeiten eine junge blonde Frau, zusammen mit einem älteren Mann, die neuen Stugwards.

Sie befreien den Schacht für die Wasserentnahme von Schnee und Eisresten. Alles benötigte Wasser muss zu den erheblich höher liegenden Hütten hinaufgeschleppt werden. Es gehört zur Eigenversorgung und ist Aufgabe der Gäste.

Die junge Frau erläutert mir in deutscher Sprache meinen weiteren Wegverlauf. Auch sie betont den mir jetzt gleich bevorstehenden steilen Anstieg und meint zum Abschluss trostreich: „Aber wenn Du da mal oben bist, geht es nur noch so dahin, kommen keine steilen Aufgänge mehr." Da hatte ich noch keine Ahnung, was mir in den nächsten Stunden bevorstand.

Noch an der Wasserstelle bekommen die Hunde einen Snack und ich eine kleine Brotzeit. Ich muss lange im Schlittensack kramen, bis ich das Richtige finde. Immer das alte Lied, nach mehreren Tagen Fahrt herrscht Durcheinander in der Vorratskammer. Das muss künftig besser werden!

Dann fahren wir in einem Bogen um die Hügel mit den obenstehenden Hütten von Alesjaure, lassen das Samendorf Alisjärvi rechts von uns liegen und sehen auch schon unseren Steilhang. Eine Scoterspur führt direkt nach oben.

Die Hunde bleiben auf dieser Spur und wuchten den Schlitten Stück für Stück hoch. Die Hütten des Samidorfes werden kleiner, sind schließlich nur noch als Punkte in der Schneelandschaft auszumachen.

Wir benötigen immer wieder kleine Pausen und wenn wir glauben, jetzt ist es bald geschafft, stößt der Blick an die nächste steile Kante. Über uns sehe ich eine schräg verlaufende Spur, die möchte ich unbedingt erreichen. Die Leithunde sind schon auf dieser Linie, doch die anderen können nicht mehr folgen, es ist zu steil.

Ich sitze auf dem Schlitten, im Schnee davor liegen die Hunde. Weit unter uns der eisüberzogene See. Dahinter erheben sich majestätische Berge bis knapp 2000 m Höhe. Ihr oberes Drittel wird bereits von der Abendsonne in ein rotes Licht getaucht. Es herrscht absolute Stille.

Um diese Zeit wollte ich eigentlich schon bei meinen Spagetti in Unna Allakas sitzen. Jetzt bin ich hier, inmitten eines kahlen Berghanges, will nicht mehr nach unten, komme aber auch nicht weiter nach oben. An dieser Stelle können und wollen wir nicht bleiben.

So manche Bergfahrt haben diese und vorige Generationen von Huskies mit mir durchgestanden.

Da ist der Dachstein, manchmal über den Wolken. 2.100 Höhenmeter mussten wir jedes Mal bewältigen, mühsam nach oben, in steilen Abfahrten nach unten. Wir haben uns in den Tauern abgemüht, auch in den Südalpen, den Nockbergen.

In den Mittelgebirgen wie Schwarzwald, Fichtelgebirge und Thüringer Wald war es auch nicht immer ganz einfach. Zehn Jahre hatten wir unseren Standort im Allgäu, kennen Rofan, Wetterstein, Karwendel und manch andere Alpenregion. Die Ziele führten uns zum Böhmerwald, in das Riesengebirge. Die langen Wege zum und im Adlergebirge sind uns bekannt.

Es kamen die schwedischen Fjälle dazu. Kreuz und quer durch die Borga, an deren Westseite noch im Mai der Schnee vier bis fünf Meter hoch liegt.

Das Grenzgebiet der Nasa am Polarkreis bei unter – 40 Grad Celsius, das Marsfjäll, Fjällfjällen, der Naturpark Vindelfjällen. Die oft sturmumtoste Sarek mit ihren tückischen Schneestufen, das Kebnekaise-Gebiet. Und erst heute am späten Vormittag die Überquerung des Tjäkta-Passes.

Oft hat sich der Gedanke eingeschlichen, das machst du nie mehr!! Aber dann kam immer wieder eine neue Herausforderung und am Berg gescheitert sind wir noch nie.

Wir müssen traversieren, die Schneelage lässt es zu. Der tiefe Schnee ist zwar anstrengend, hält aber den Schlitten in der Spur. Ist der Untergrund zu glatt oder gar eisig, driftet das schwere Gefährt ab und reißt die Hunde samt Musher mit in die Tiefe.

Wir haben zu lange den direkten Anstieg verfolgt. Was ein Scoter schafft, das packen wir auch, ist unsere feste Meinung. Doch die Spur wurde zuletzt zu extrem, zu steil. Hätte man dem Motorfahrzeug unseren schweren Schlitten angehangen, wäre ihm schon früher die Puste ausgegangen.

Die Hunde haben im Moment buchstäblich die Schnauze voll. Die Leader tendieren nach unten, da läuft es sich doch viel einfacher. Ich rede ihnen gut zu, muntere sie auf, gebe ihnen eine leichtere Spur vor. Unsere Teamarbeit läuft weiter.

Wir gehen jetzt schräg zum Hang mit möglichst wenig Kehren. Man meint, nur langsam an Höhe zu gewinnen, doch der Blick nach unten auf unsere vorherige Spur zeigt, dass wir erfolgreich vorankommen.

Tag 10

Schon bald nach Tagesanbruch fahren wir ein Stück auf unserer Spur zurück, biegen nach rechts auf den Trail und gleiten auf diesem bis nahe dem Ausgangspunkt des gestrigen Abends zurück. Auch bei Tageslicht ist auf der gesamten Strecke keine größere Hütte oder Haus zu entdecken.

Wenden und exakt den Scoterkreuzen folgend wieder nordwärts. Der Trail ist bequem zu bewältigen, wahrscheinlich im Sommer ein Fahrweg.

Auf einer Anhöhe liegend, kommt eine größere Hütte in Sicht. Wir müssen den Hügel umfahren, tangieren dabei ein komplettes Sami-Dorf. Jede westliche Baubehörde hätte da wohl ihre Freude über die Vielzahl von Baustilen und der eingesetzten Materialien.

Endlich wird der Neigungswinkel des Geländes geringer, doch wir befinden uns jetzt weit nördlich der gesteckten Markierungen. Im tiefen Schnee kämpfen wir uns zu den Kreuzen durch.

Das Tageslicht schwindet. Wir haben fast Vollmond und die hohen Bergmassive zu unserer Linken und hinter uns erscheinen in ihrer silbern-bläulichen Tönung gespensterhaft und unnahbar. Vor uns, über einen noch zu bewältigenden Bergsattel glimmt leicht rötlich der letzte Schein der schon vor einiger Zeit untergegangenen Sonne. Eine vollkommene Ruhe umgibt uns. Wir sind weit über der Baum- und Strauchgrenze, nirgendwo ein Zeichen von Leben.

Unsere Route führt immer noch leicht aufwärts. Es ist mühsam zu gehen, Hunde und Musher sind ausgepumpt. Der erste, dem unsere Pausen nicht mehr genügen, ist Eagle. Ich nehme eine lange Leine und binde ihn hinten am Schlitten fest. Schon bald läuft er brav hinterher, befreit von der harten Zieharbeit. Eagle sammelt neue Kräfte und nach einiger Zeit erwacht auch wieder sein Husky-Ehrgeiz. Er sprintet am Schlitten vorbei und will seinen alten Platz neben Spock einnehmen. Ich lasse ihn jedoch noch eine Weile an der Laufleine.

Ein kurzer, steiler Anstieg und wir sind wohl auf unserer letzten Passhöhe dieses Tages angelangt. Zumindest sehen wir im Rest des schwindenden Tageslichtes, vermischt mit blassem Mondschein, keine höheren Bergkuppen gegen Westen. Dagegen beginnt schon nach wenigen Metern eine überaus steile Abfahrt, die anscheinend in eine Schlucht mündet.

Eagle wird wieder eingespannt und der Fall nach unten beginnt. Jetzt bin ich froh um den Tiefschnee. Er bremst den Lauf der Hunde, den Schlitten und ich habe genug Material für den Einsatz der Klauenbremse.

Knapp oberhalb der Schlucht gelangen wir auf einen passablen Übergang zur gegenüberliegenden Bergseite und können an dessen Hang eine weite Strecke ohne größere Mühe zurücklegen.

Meine Hoffnung, dass wir nach der steilen Abfahrt, wie mir gesagt, schon fast am Ziel sind, erfüllt sich nicht. Im Gegenteil, nach einiger Zeit kommt nochmals ein kurzes, steiles Gefälle und auch da, kein Haus, keine Hütte.

Es folgt ein langes, einsames und sehr romantisches Tal. Die Umgebung, im Licht des Mondes fast unwirklich, bietet lange Schatten und rätselhafte Gebilde. Der Schlitten gleitet durch eine nächtliche Traumlandschaft.

Wir sind jetzt schon etwa 12 Stunden unterwegs, haben mehrere Pässe überwunden, sind am Steilhang fast gescheitert und doch laufen die Hunde mit einem gleichmäßigen Zug, zeigen nicht den geringsten Unwillen.

Für kurze Zeit ist der Hunger, die Suche nach Quartier und die Besorgnis um den richtigen Weg fast vergessen. Ich fühle mich frei, stark, stolz und glücklich.

Überraschend stehen wir plötzlich am Rand eines Abgrundes. Es sieht aus wie Teil eines Steinbruchs, zum Glück jedoch mit Schnee bedeckt. In Mitteleuropa würde man dieses Stück abflaggen und mit Schildern wie ‚Lebensgefahr‘ oder ‚Betreten verboten‘ versehen. Aber hier steht tatsächlich noch ein Scoterpfahl, der den Weg in die Tiefe zeigt. Angst habe ich keine, doch mir geht der Gedanke durch den Kopf – hier kommst du mit dem Schlitten nie mehr hoch, hoffentlich gibt es noch einen anderen Talausgang.

Mit beiden Füßen stehe ich auf der Bremse und bete den Hunden in möglichst ruhigem Ton immer nur laangsaam, laaangsaam vor. Denen scheint die Sache aber selbst etwas unheimlich geworden zu sein und sie gehen in einem angepassten Tempo nach unten. Fast ohne Übergang kommen wir in ein leichtes Gefälle, machen einen Bogen und sehen vor uns einige Hütten. Gleich die erste ist die Unna-Allakas-Stuga.

Viele Scoter parken davor. In einer Schneerampe zum Eingang stecken eine Menge Ski. Im Tagesraum herrscht reges Treiben, hauptsächlich Frauen sind noch am Wirken. Nein, der Stugward ist nicht da, wird auch heute nicht mehr kommen.

Die Hütte ist voll belegt, dient wohl auch Schulklassen als Quartier. Ein etwa zehnjähriges Mädchen sagt, sie könne mir eine Matratze besorgen, was ich auch dankend annehme.

Zunächst müssen die Hunde versorgt werden. Ihr Lager möchte ich jedenfalls deutlich außerhalb der Scoterzufahrten haben. Das bedeutet aber auch, das Stake-Out in einem Tiefschneegebiet anzubringen. Es macht mir Mühe, die Beine sind müde und alles geht recht langsam.

Wasser wärme ich auf einem der Gasherde in der Küche und die Hunde bekommen noch ihr wohlverdientes Futter. Die Portionen sind reichlich, denn abgesehen von einem geringen Quantum für die morgendliche Früh-suppe kann jetzt der gesamte Vorrat aufgebraucht werden.

Als ich zur Hütte zurückkomme, haben sich schon alle zur Ruhe begeben. Ich verzichte auf die Zubereitung der Spagettis, knabbere wieder einmal etwas an meiner Schokolade, breite die Matratze neben einem der Tische aus und strecke meine Glieder lang. Es war der dreizehnte und vorletzte, aber auch anstrengendste Tag meiner Tour.

Tag 14

Schon recht früh erfüllt eine geschäftige Unruhe den Raum. Aus zwei weiteren Schlafräumen, die mir am gestrigen Abend verborgen geblieben sind, drängen Skitouristen aus mehreren Nationen um die Anrichten, Gasherde und Tische. Ich stelle meine Matratze hochkant und beteilige mich an den Morgenarbeiten. Die Hunde bekommen ihre Suppe und ich lasse mir ein reichliches Frühstück schmecken.

Beim Beladen des Schlittens gesellt sich ein hübsches blondes Mädchen zu uns und fragt, ob sie die Hunde streicheln dürfte. Aber sicher, das haben die sogar gern.

Bald sind noch vier oder fünf ihrer Kolleginnen dabei, ziehen den Hunden nach kurzer Anleitung die Geschirre an und bringen sie mir vor den Schlitten zum Einspannen. Mir erspart es den mehrmaligen, mühsamen Weg durch den Tiefschnee. Die Mädchen sind Schülerinnen des Gymnasiums von Kiruna und befinden sich auf Klassenfahrt.

Nach dem Einspannen stehen zwei der Mädchen auf der Klauenbremse und die anderen kümmern sich vorn um die Hunde. Währenddessen kann ich in aller Ruhe die Stake-Out-Kette einholen und im Schlittensack verstauen. Mit fröhlichem Winken verabschiede ich mich von der hilfsbereiten Crew.

Die Hunde legen sich mächtig ins Geschirr und geben

sofort ein schnelles Tempo vor. So verpassen wir auch die schon nach wenigen Metern kommende Abbiegung nach rechts. Wir müssen eine mühevolle Ehrenrunde im Tiefschnee um das alleinstehende Stugwardhaus drehen, dann sind wir auf unserem richtigen Trail. Dieser bietet einen stabilen Untergrund für weiterhin schnelle Fahrt. Nur geringe Höhenunterschiede sind zu überwinden.

So nach und nach überholen wir die vor uns gestarteten Skiläufer. Nach etwa 12 – 15 km passieren wir ein weitverzweigtes Hüttendorf, welches uns infolge der stärker ausgefahrenen Scoterspuren für einige Zeit von unserem rechten Weg abbringt.

Wir kommen wieder auf unseren Trail, überholen zum zweiten Mal drei sportliche französische Skifahrer mit ihren Pulkas und gelangen, leicht abwärts fahrend, in ein übersichtliches Gelände. Da kommt uns doch ein Rennschlitten, gezogen von zwei mächtigen Hunden entgegen.

Die Musherin gibt uns ein Haltezeichen, ankert ihren Schlitten und nimmt die beiden Hunde, fest umklammernd, zur Seite. Wir fahren los und meine beiden Leader Flori und Fanzl gehen anstandslos vorbei. Auch Gillian und Carline folgen ohne Probleme. Doch meine beiden Wheeldogs, die ich erst seit ein paar Wochen in Obhut habe, reitet der Teufel. Da muss man doch mal näheren Kontakt aufnehmen!

Sie wenden sich den fremden Hunden, zwei wunderschönen Alaska-Malamuten zu. Die lassen sofort ein dumpfes, drohendes Grollen hören und wollen sich aus der Umklammerung lösen. Bei diesen Kraftpaketen hat die etwa mittelgroße Frau nur eine kurzfristige Chance, ihre Hunde zu halten.

Ich sprinte vom Schlitten in die Ansammlung, reisse meine Leader und damit das ganze Gespann um ein paar Meter nach vorn, ankere im zurücklaufen. Franzl und Flori bleiben stehen, halten das Gespann nach vorn auf Zug.

Sofort wende ich mich der Musherin zu, stelle ihren umgerissenen Schlitten wieder auf die Kufen. Er ist leer, sehr leicht und trägt die englische Flagge. Wir entschuldigen uns gegenseitig, überzeugen uns, dass nichts weiteres passiert ist und ich versichere ihr, dass hinter uns nur noch Skitouristen und keine weiteren Hunde kommen.

Das ist gerade nochmals gut gegangen und dem eigensinnigen, oft oppositionellen Eagle wurde vielleicht auch bewusst, dass hier ein Gefecht ein paar Nummern zu groß für ihn gewesen wäre.

Schon bald haben wir ungehinderte Fahrt auf dem zugefrorenen Kamajäkka. Ein kleiner Teil dieses Flusslaufes bildet die Südgrenze des Abisko-Nationalparkes. In diesem Park besteht, vor allem im nördlichen Teil, ein Scoterverbot.

Das Gebiet um die Abiskojaure-Stugorna, welche wir jetzt erreichen, ist davon nicht betroffen. Mitten auf den Zufahrts-Pfaden stehen Scoter und die Fahrer unterhalten sich in einer Gruppe. Meine Hunde nehmen einen kurzen Umweg über einen Graben und schon sind wir an den staunenden Maschinisten und ihrer Blockade vorbei.

Jetzt führt die Route auf dem Abiskojärvi nahe dem Ostufer entlang. Am Ende des Sees kommen wir durch waldreiches Gebiet und bei Teilung des Pfades für Skitouristen und für Scoter verlieren wir die Weg-weisung. Wir halten uns nach Norden, dort liegt unser Ziel.

Nahe bei Abisko ist das Gelände gut erschlossen, mit gebahnten Wegen für Fußgänger und Pisten für Skifahrer. Richtungsschilder sind jedoch so gut wie nicht vorhanden. Ähnlich und im gleichen Gebiet wie vor 14 Tagen bei Beginn unserer Reise habe ich hier wieder meine Orientierungs-Schwierigkeiten. Ich kenne meine Richtung nach Norden, doch finde nicht den Durchgang.

Nachdem ich auch östlich und westlich gesucht habe, zwischenzeitlich zwei oder drei Mal über die gleiche Schneebrücke gekommen bin, binde ich mein Gespann an einem Baum fest, ziehe meine Schneeschuhe an und mache mich stapfend auf die Suche. Ich frage mich, ob es an den Augen liegt, vielleicht doch am Alter, oder nur der eigenen Blödheit zuzuschreiben ist. Schon bald finde ich die Lösung.

Von dem markierten Weg nach Karsavaggi geht der Kungsleden fast im rechten Winkel ab. Das Wegkreuz hängt ziemlich weit oben in einem Baum. Normalerweise schon gut zu sehen, doch mit dem Hundeschlitten hat man die etwa dreifache Geschwindigkeit eines Skiläufers. Die Aufmerksamkeit ist hauptsächlich auf den Trail und eventuell kommende Schwierigkeiten gerichtet, sowie auf die Hunde und deren Leinen. Wenn dann auch die vorhandenen Spuren nichts signalisieren, ist man an einem hochstehenden Kreuz außerhalb des Blickfeldes schon mal schnell vorbeigefahren.

Ausgerechnet jetzt kommen noch drei schwerbepackte Skitouristen mit ihren Pulkas des Weges und benutzen als Übergang ,meine' Schneebrücke. Einer stochert mit seinem Stock noch daran herum. Jetzt aber schnell hinüber über das bröselnde Gebilde.

Gleich darauf kommt die von mir lange übersehene Abbiegung. Wir überholen die drei Skifahrer und ich frage im Vorbeifahren, ob das wirklich der Weg nach Abisko ist. Ja, wir sind richtig.

Die Spur ist breit und fest, führt meistens durch Wald, gibt aber immer wieder den Blick auf den links liegenden Bachlauf in einer wildromantischen Schlucht frei.

Es beginnt zu schneien. Vor uns sind schon erste hochragende Bauwerke zu sehen. Die Hunde sind noch immer in einem schnellen Tempo und fast im Galopp durchfahren wir das berühmte Holztor, welches den Eingang zum Nationalpark bildet. Rechts in die kleine

Straße, dann den großen Parkplatz hoch und wir stehen direkt neben unserem Auto.

zurück am Bahnhof Abisko

Eine Gruppe mit 12 – 15 Leuten aus fremden Ländern kommt vorbei und das Husky-Gespann dient als willkommenes Fotoobjekt. Die Leiterin grüßt aus der Ferne und lässt ihre Truppe gewähren.

Inzwischen herrscht starker Schneefall. Die Hunde bekommen etwas zu fressen, dann wird die Hintertüre des Autos geöffnet, die Leinen gelöst und einer nach dem andern springt sofort in den Wagen, streckt sich mit Behagen auf dem trockenen Teppichboden aus. Nach 14 Tagen in Natur pur mit Kälte, Nässe, Schnee und Eis ist das auch einem Husky nicht zu verdenken.

Ich selbst probiere vorsichtig und mit etwas Sorge, was der Motor nach der langen Kältepause zu sagen hat. Er lässt uns nicht im Stich und springt mit nur geringer Verzögerung an. Die Hunde bekommen ein Knabberstängchen und der Fahrer kann sich beruhigt seiner Thermoskanne und einer halben Tafel Schokolade widmen. Die reibungslose Abfahrt ist gesichert. Doch zunächst geben sich alle im trockenen und windgeschützten Auto einem wohlverdienten Nachmittagsschläfchen hin.

Ein langer, langer Güterzug mit leeren Waggons für die Erzbeladung donnert vorbei. Er ist auf dem Weg von Narvik nach Kiruna. Unser Schlitten neben dem Auto wartet noch auf seine Entladung. Vieles kommt in den Fußraum des Beifahrer-Platzes und auf dessen Sitz sowie auf den Boden vor der Hinterbank. Auf dieser dürfen sich später zwei Hunde breit machen, damit im Gepäckabteil für die weiteren vier Hunde auch räumlich ein bequemer Aufenthalt möglich ist.

Ein Teil der Ausrüstung wie die beiden Schneeanker, Leinen, Stake-Out, Zelt, Axt und Säge sowie so manches andere bleiben im Schlittensack.

Vier junge Menschen nähern sich, kommen mit mir ins Gespräch. Die beiden Frauen stammen aus Italien und Frankreich, die Männer sind in Spanien beheimatet. Sie helfen mir gemeinsam, den immer noch schweren

Schlitten auf das Autodach zu heben und dort sicher festzubinden.

Der Schneefall hat etwas nachgelassen. Vorsichtig bewege ich unseren treuen alten Volvo mitsamt seiner Ladung auf der erst teilweise geräumten Straße in Richtung Heimat.